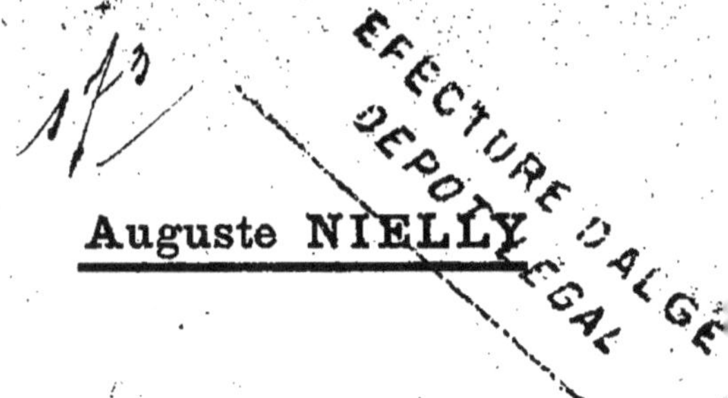

Auguste NIELLY

ESSAI DE CONCILIATION

DES

Opinions Adverses

ÉMISES AU SUJET DE LA

Conscription Militaire Obligatoire

DES

INDIGÈNES DE L'ALGÉRIE

CONSCRIPTION COLONIALE.
REFORESTATION GÉNÉRALE.
COLONISATION SYSTÈME BUGEAUD.

ALGER

IMPRIMERIE VILLENEUVE

Place Soult-Berg et 20, rue de la Révolution - Télép. 8-29

1908

Auguste NIELLY

ESSAI DE CONCILIATION

DES

Opinions Adverses

ÉMISES AU SUJET DE LA

Conscription Militaire Obligatoire

DES

INDIGÈNES DE L'ALGÉRIE

CONSCRIPTION COLONIALE.
REFORESTATION GÉNÉRALE.
COLONISATION SYSTÈME BUGEAUD.

ALGER

IMPRIMERIE VILLENEUVE
4, Place Soult-Berg et 20, rue de la Révolution - Télép. 8-29

1908

Alger, *le 14 Juillet 1908.*

« **Ense, aratro et arbore** ».

Devise Bugeaud amplifiée.

ESSAI DE CONCILIATION

DES OPINIONS ADVERSES

Emises au sujet de la Conscription Militaire Obligatoire des Indigènes

Dans la conclusion de ce que l'on peut appeler le Livre d'Or du 1er Régiment de Tirailleurs algériens, élaboré par le lieutenant Victor Duruy et daté 1899, on trouve ces quelques lignes qui peuvent servir excellemment d'introduction à cet essai ; elles sont plus que jamais d'actualité :

« En résumé, que ce soit par un moyen ou par un autre, nous devons chercher à tirer tout le parti possible des ressources que la population indigène nous offre pour renforcer notre état militaire : d'un côté, la population de la Métropole reste stationnaire, tandis que celle des puissances voisines s'accroît considérablement ; de l'autre, nos charges augmentent et notre situation dans l'équilibre européen nous oblige à organiser l'armée de terre comme l'armée de mer sur un pied formidable. Nous n'avons donc pas le droit de négliger une partie du précieux appoint que peut nous offrir l'Indigène de l'Algérie. »

C'est évidemment dans le même ordre d'idées que le Gouvernement a chargé une Commission, dont on connaît la composition, de venir étudier sur place tous les éléments du problème du service militaire obligatoire des Indigènes.

Cette Commission n'a probablement pas trouvé, dans les témoignages écrits et verbaux qu'elle a recueillis, beaucoup d'opposition aux désirs du Gouvernement. Mais la Presse Algérienne s'étant emparée de la question, une opposition très vive commença à se déclarer et, finalement, toutes les assemblées algériennes émirent des vœux unanimes, émanant aussi bien des Indigènes que des Français et rejetant tout autre moyen de lever des armées que par le volontariat. De sorte que le Gouvernement se trouve actuellement dans un embarras cruel dont il importe de l'aider à sortir.

Un dialogue entre les principaux intéressés : la France, le Colon et l'Indigène, ces derniers gens instruits bien entendu, ayant paru être la meilleure méthode impersonnelle de présenter les différents arguments invoqués par chacun des adversaires, nous allons lever le rideau sur nos trois interlocuteurs ; la France siégeant entre le Colon, à sa droite, et l'Indigène à sa gauche.

La France. — Généreux Colon, dont le cœur bat à l'unisson de celui de votre patrie, j'ai besoin pour complèter ma défense que l'Algérie me fournisse, en outre de vos excellents fils, un contingent normal de ces vaillants Indigènes dont les pères se sont toujours fait craindre par nos ennemis sur tous les champs de bataille du globe.

Le Colon — Chère Métropole, je sympathise vivement avec votre crainte de vous trouver à la tête d'armées insuffisantes, si l'ennemi essayait de vous envahir. Mais ne vous semble-t-il pas que notre colonie étant trop jeune pour que l'association fraternelle des races y ait été établie de façon à dissiper toute crainte d'insurrection pendant une guerre européenne, il est évident que le péril couru par moi-même serait tout aussi grand que celui qui vous étreindrait ; car je n'aurais pas assez de troupes européennes à opposer aux insurgés ! D'autant plus que ceux-ci trouveraient probablement de nombreux renforts parmi les Marocains. Il ne faut pas m'exposer au même péril qui a décimé la colonie en 1871.

La France. — Mais vous raisonnez comme si j'avais l'intention bien arrêtée d'appliquer aux Indigènes le même système de recrutement et d'organisation qui a cours en France ou en Tunisie. Ce système crée des armées de réserve et de territoriale, lesquelles, comme vous le pensez avec raison, comprendraient des soldats exercés qui pourraient en cas d'insurrection tourner leurs armes contre vous. Mais c'est précisément pour trouver un mode de recrutement et d'organisation qui ne présente pas ces inconvénients que j'ai nommé une Commission chargée d'étudier la question sur toutes ses faces. Rien n'est donc décidé, si ce n'est qu'il faut que l'Indigène contribue d'une façon ou d'une autre à combler le déficit dans nos armées. En outre, cette façon ne peut être par l'enrôlement volontaire parce qu'il est trop aléatoire. Je me suis donc ingéniée à trouver autre chose comme vous le verrez tout à l'heure.

L'Indigène. — Fière et puissante France, que Dieu vous comble de ses bienfaits ! Je vous estime et je vous respecte non seulement parce que vous êtes forte ; mais surtout parce que vous êtes juste et miséricordieuse ! Je sympathise du fond du cœur avec le désir que vous manifestez de me trouver prêt à verser mon sang, comme je l'ai déjà fait, du reste, pour repousser l'envahisseur. Mais vous comprendrez mon anxiété lorsque je mets à vos pieds mes craintes de voir mes fils perdre en France l'odeur de l'Islam ; c'est-à-dire notre croyance en un Dieu unique et en son Prophète, puis notre fidélité aux pratiques religieuses qui assurent la perpétuité de cette croyance et, enfin, le mépris de la mort qui donne à notre courage sa grande valeur militaire. Je crains donc de voir mes fils à leur retour du service ne rapporter avec eux que la paresse intellectuelle, l'intempérance alcoolique et l'intempérance génésique et n'être bons qu'à semer la discorde et le crime dans leurs familles et dans leurs villages !

Du reste, n'a-t-on pas essayé de maintenir un corps de tirailleurs à Paris et n'a-t-on pas été obligé d'y renoncer ?

Et puis, il faut bien le dire, ceux d'entre nous qui se sentent destinés à devenir militaires, soit par la misère familiale, soit par la volonté du Gouvernement, désirent l'être comme leurs officiers et leurs gradés pendant toute la partie la plus physiquement active de leur existence. Pourvu toutefois que n'ayant pu économiser pendant leurs années de service, le Gouvernement s'acquitte pour eux de ce devoir et les récompense par de modestes moyens de vivre en travaillant encore et en faisant vivre la famille qu'ils se seront créée, comme le font les gendarmes, par exemple.

Il ne faut pas permettre que la jeunesse, quand elle jouit de toute sa force de procréation, aille gaspiller sa sève génésique et son honneur dans les lupanars et par le satyrisme, exposant ainsi à de graves dangers son moral et la pureté de son sang. Il faut qu'ils fassent des enfants légitimes et sains, surtout pendant leur service militaire, afin que la

Métropole et notre modeste gourbi ne manquent pas de défenseurs aux jours de l'invasion ! Combinez donc toutes choses de façon à ce que mes craintes ne puissent se réaliser et alors nous adopterons avec cœur toutes vos propositions.

La France. — Vaillant Indigène, vos paroles sont celles d'un sage et elles procèdent d'une haute inspiration. Mes actes, du reste, ont dû vous démontrer que bien loin de repousser l'odeur de l'Islam, elle m'est très agréable, j'en ai donné des preuves en maintes occasions. Vous n'en douterez plus quand vous aurez lu la lettre au directeur du *Temps* qui a paru dans le numéro du 13 Juin et qui a été reproduite par l'*Akhbar* du 21 Juin 1908. Cette lettre émane de Fahrid Bey, qui a succédé au célèbre Mustapha Kamel, lequel a si admirablement dirigé le parti national en Egypte.

« Monsieur le Directeur,

« L'Egypte entière vient de manifester sa reconnaissance envers la France pour l'aide efficace qu'elle a donnée dans un moment difficile aux établissements financiers d'Egypte.

« Le parti national a déjà rempli ce devoir en envoyant une adresse de remerciements au chargé d'affaires de la France au Caire. Il m'a, en outre, chargé de les renouveler au cours de mon séjour à Paris.

« Je m'adresse donc à vous, Monsieur le Directeur, et je vous prie de m'accorder l'hospitalité de votre journal pour que je puisse exprimer à la France, notre patrie intellectuelle, les sentiments de gratitude que l'Egypte a toujours professés envers elle.

« Je me fais un devoir et un plaisir d'être l'interprète de nos concitoyens et amis qui m'ont fait l'insigne honneur de me confier cette mission de paix.

« La France a toujours été l'amie de l'Egypte, ainsi que son initiatrice à la civilisation moderne. Elle a commencé son œuvre d'éducation sous Bonaparte, l'a continué sous le gouvernement de Méhémet Ali et la poursuit encore par ses missions scolaires et scientifiques.

« Aucune des clauses de l'entente cordiale (1) ne l'empêche de continuer à nous guider dans la voie de la civilisation ni de nous donner son appui dans les questions économiques. La

(1) Entre la France et l'Angleterre.

France peut compter sur la nation égyptienne, qui n'oublie jamais le bien qu'on lui fait.

« Veuillez agréer, Monsieur le Directeur, l'expression de mes sentiments les plus distingués.

« MOHAMMED FAHRID BEY. »

Vous le voyez, ces trois facultés intellectuelles dont les philosophes musulmans ont, à la suite de leur prophète, proclamé l'existence aux Arabes — je veux dire la Raison, la Conscience et l'Affection universelle, — nous portent toutes trois à nous associer fraternellement avec les Musulmans. Les Egyptiens ont été les premiers à profiter de cette influence morale ; il dépend de vous que les Musulmans d'Algérie soient les seconds. En ce qui me concerne, je fais les plus grands efforts, afin que l'instruction dissipe votre ignorance des hommes et des choses de mon pays. En outre, les gouvernants que je vous donne démontrent par leurs travaux qu'ils sont admirablement compétents en toutes affaires politiques, sociales et économiques. Ils vous montrent aussi par leur sincère cordialité que la main qu'ils vous tendent est une main loyale qui s'efforce de sceller par des actes une entente éternelle entre l'Islam et moi !

Revenons aux desiderata que vous avez formulés. Je ne vous le cache pas, ils constituent un problème militaire, économique et social qui paraît au premier abord tout à fait insoluble. Mais, ainsi que je le disais à notre ami Le Colon, je me suis ingéniée à trouver une solution que je vous dévoilerai tout-à-l'heure.

Le Colon. — Chère France, j'écoute, je l'avoue, avec peu d'enthousiasme vos protestations de cordialité envers les Indigènes. Afin qu'il n'en fût pas ainsi, il faudrait n'avoir pas été, comme la plupart des colons, victime de la maraude ou de l'infidélité des domestiques, quand ce n'est pas du vol à main armée. J'attends donc avec quelque impatience le développement de votre idéal ; car il me paraît que c'est presque toujours aux dépens du pouvoir politique du Colon qu'a été construit jusqu'à présent l'édifice de la libéralité métropolitaine envers les Indigènes !

La France. — Ami colon, il y a beaucoup d'amertume dans vos paroles ; cela provient de ce que vous croyez avoir en Algérie le monopole de tous les inconvénients de la criminalité d'une partie des autochtones. Cependant vous ne pouvez ignorer que les cultivateurs indigènes souffrent tout autant que vous des méfaits que vous signalez. En outre, on n'est guère plus en sûreté dans toutes les autres colonies françaises ou étrangères. L'est-on en France même ? C'est douteux ; car il y a là des légions de braconniers, de fraudeurs et d'apaches de tous les genres, sans compter les financiers véreux qui soutirent *légalement* des millions aux gogos qui se laissent prendre comme de vulgaires moineaux par la glu des réclames mensongères.

Je lisais hier dans un journal qu'un vol de 350 moutons avait été perpétré sur mon propre territoire après assassinat du vieux berger qui en avait la garde. Vous me direz que ce fait est exceptionnel, et vous aurez raison ; mais cela tient à ce que l'on ne vend pas les bestiaux aussi facilement en France qu'en Algérie. Mes criminels recherchent l'or et les bijoux, mais si je ne me trompe, il y en a tout autant, proportion gardée, dans un pays que dans l'autre. La maraude, du reste, est surtout le résultat de l'école buissonnière. *Le dévéloppement de l'école primaire et de ses enseignements moraux y portera quelque remède qui sera amplifié par le développement de l'organisation judiciaire et policière coloniale qui est à l'étude.* Vous pouvez donc espérer en des jours meilleurs, bien que la sécurité *absolue* soit irréalisable, tout autant en Europe qu'en Afrique.

Et maintenant, que penseriez-vous si je vous disais que nous importons la criminalité avec notre civilisation ? Vous m'accuseriez de cultiver le paradoxe et vous vous tromperiez. Pour vous le démontrer, je n'ai qu'à vous soumettre les réflexions suivantes que l'on trouve à la page 87 d'un remarquable ouvrage que vient de publier un philosophe colonial, M. Georges Deherme, sous le titre de : *L'Afrique Occidentale Française :*

« *Serait-il donc vrai que la pénétration coloniale corrompt les Indigènes ? Non pas. Il n'y a pas de délit là où il n'y a pas de société organisée ; il n'y a que le jeu des forces. Pas d'animaux criminels. Le crime est un phénomène qui apparaît avec la société organisée. L'action coloniale développera donc la criminalité, non parce qu'elle corrompt, mais parce qu'elle organise ; non parce qu'elle détraque, mais parce qu'elle multiplie les frottements, les rapports sociaux. Elle fait de l'humanité, et l'on ne fait rien sans déchet. Le délinquant, c'est le déchet social.*

« *Il sera donc nécessaire d'armer l'administrateur de pouvoirs judiciaires plus étendus et plus fermes. Et pour qu'il n'en mésuse pas, il suffira de le rendre responsable pleinement.* »

Un autre écrivain colonial a déjà indiqué par quels autres moyens pratiques les pouvoirs judiciaires des administrateurs peuvent être étendus et affermis ; mais il n'a reçu jusqu'à présent que de bien faibles encouragements. Néanmoins il persévère, parce qu'il sent qu'il n'est pas seul dans la bonne voie ; surtout lorsqu'il parcourt une œuvre comme celle de M. Deherme. Ce livre secouera, il faut l'espérer, la torpeur parlementaire et commencera l'œuvre de démolition de l'obstacle créé par de mesquins intérêts privés de toutes sortes ; car cet obstacle n'est construit en réalité que sur le sable de l'égoïsme et de l'imprévoyance coloniale.

Laissons là cette pierre d'achoppement et

reprenons la question beaucoup plus intéressante du service militaire obligatoire des Indigènes, car la solution que je vais vous offrir porte dans ses flancs le remède tant désiré à la plupart de nos souffrances.

J'aime à croire, amis colon et indigène, que vous n'êtes pas de ceux qui s'opposent à la reforestation des terrains en montagne, malgré les désastres si coûteux pour l'Etat et pour les particuliers qu'occasionne chaque année la déforestation par les orages, les troupeaux, les charbonniers, les incendiaires, etc. Eh bien ! c'est sur cette reforestation — aussi obligatoire que la conscription — de la France, de l'Algérie, puis du Sahara, par le service militaire des Indigènes, qu'est basé tout mon idéal d'armée coloniale !

Nous avons dans notre armée un bon nombre de corps spéciaux ; nous créerons une spécialité de plus, voilà tout : ce sera celle du *tirailleur forestier indigène* : en Algérie, descendant bien plus fortuné du tirailleur algérien et, en France, cousin germain de l'alpin ; car, comme lui, il habitera le flanc des montagnes, toutefois jusqu'à la limite où la reforestation est possible.

Comme son éducation militaire pourra être plus lente, parce que la loi de deux ans de service ne lui sera pas applicable, toutes ses heures de loisir pourront être occupées à son éducation agricole et, en premier lieu, à la création de pépinières et de plantations. Il sera donc le plus utile de nos soldats, parce que, s'il est obligé, aux jours de guerre, de détruire des existences et des propriétés pour défendre mon drapeau, au moins pourra-t-il dire qu'il a racheté cette destruction par le reboisement. N'aura-t-il pas contribué à supprimer les inondations, adoucir le climat, assainir l'atmosphère, fournir le combustible, les bois de construction et la houille blanche, nourrir les bestiaux et les gens et réparer, enfin, par une action patiente et soutenue, la plupart des désastres dont souffre l'Humanité ?

L'Indigène. — Noble France, voilà un plan d'ensemble, qui, à coup sûr, est très tentant ; mais entrez dans quelques détails, je vous en prie, afin que je puisse m'assurer si tous les desiderata que je vous ai soumis sont bien sauvegardés.

La France. — Vous ne vous attendez pas sans doute à ce que je vous donne ici des détails très circonstanciés ; car ceux-là devront être l'œuvre des techniciens seuls capables de les formuler. Quant à l'esprit de ces détails, il devra être : d'abord que les recrues par la conscription auront le droit de se faire remplacer à quelque moment que ce soit ; et qu'ensuite ceux qui seront définitivement engagés seront traités pendant tout le cours de leur service avec une libéralité pécuniaire plus grande encore que celle avec laquelle les tirailleurs indigènes algériens sont traités actuellement. D'autant plus que le tirailleur forestier sera autorisé, invité même à avoir femme et enfants et qu'il fera partie de l'infanterie *montée* comme la Légion étrangère où le privilège d'avoir un cheval pour deux hommes a été expérimenté et trouvé très avantageux.

Ayant cependant la prétention de ne pas surcharger le budget de la guerre d'une dépense supérieure à celle d'un fantassin français ordinaire, il y aura lieu de trouver une ressource extraordinaire pour solder la différence entre le coût fictif et le coût réel. Elle est heureusement facile à trouver : une bonne partie du temps du tirailleur forestier étant consacrée à la reforestation, ce sera le budget forestier qui supportera cette dépense. D'où les ressources de ce budget devront être tirées, nous l'indiquerons tout à l'heure.

Quant au temps de service, il devra être de 25 années, avec faculté de se retirer après 10, 15 ou 20 années de service, avec une retraite proportionnelle si la santé ou d'autres circonstances l'exigent. Après 25 années la retraite entière sera acquise et la pension du tirailleur ainsi que celle de sa veuve sera fixée d'après le nombre des enfants qu'il ou qu'elle aura à élever. En outre de la retraite, l'usufruit d'un lot de forêt suffisant, dans le pays de leur choix, sera accordé à lui, à sa veuve et à ses enfants dans des conditions telles que les fils auront droit à leur part jusqu'à leur majorité et les filles jusqu'à leur mariage.

Les 5 premières années de service seront passées en Algérie, les 5 années suivantes le seront en France ; c'est-à-dire qu'il y aura relève et prime toutes les 5 années. La nostalgie n'aura donc pas de prise sur ces troupes qui, ayant femmes, enfants et même cheptel, se trouveront bientôt aussi *at home* en France qu'en Algérie. Enfin des congés pourront être accordés tous les trois ans avec salaire.

Le casernement devra être limité à celui d'une compagnie. Il devra être moitié agricole, moitié militaire, chaque famille ayant un local rappelant le gourbi sans cependant négliger les exigences de l'hygiène et les méfaits de la promiscuité.

Il devra être construit à une distance aussi grande que possible des villes et des villages ; afin que la corruption morale et physique, qui a obligé le Gouvernement à rappeler de Paris les anciens tirailleurs, ne puisse pas atteindre les tirailleurs forestiers. Du reste, chaque heure sera si bien remplie par le travail et par le délassement honnête qu'aucune corruption ne pourra les atteindre.

La caserne sera entourée d'un espace de culture suffisant pour l'alimentation générale des bêtes et gens de façon à réduire le coût de l'alimentation au minimum, ainsi qu'à produire du lait sain à profusion.

Les officiers devront parler arabe et avoir quelques notions d'agriculture et d'horticulture, bien que un officier exclusivement forestier sera adjoint à chaque compagnie. Les officiers devront être mariés, ils seront invités à s'acquitter de ce devoir s'ils ne le sont pas. En outre, il sera bon que leurs femmes se prêtent à apprendre l'arabe et même à acquérir des brevets académiques, si elles n'en possèdent pas, de facon à pouvoir former un comité féminin qui s'occupera de maintenir la discipline et la propreté dans les gourbis et à s'occuper de l'instruction des enfants moyennant une rétribution libérale, bien entendu. En un mot, la partie féminine et enfantine de la compagnie devra être élevée sous les auspices purement intellectuels et moraux du comité féminin des femmes des officiers, de façon à former sous leur direction, contrôlée par leurs maris, une sorte de *phalanstère* où le respect de l'autorité, l'affection morale, le sacrifice de soi-même et toutes les tempérances des instincts naturels, soient la règle de conduite de tous les sexes et de tous les âges.

Les jeux pour tous seraient les luttes de tous les genres, la boxe, la savate ; l'adresse à manier toutes les armes depuis la canne jusqu'au sabre et la baïonnette de façon à ce que chaque enfant et chaque homme soit presque passé maître dans tous ces exercices de défense et d'attaque personnelle. Les Japonais s'y appliquent et il ne faut pas que les troupes européennes se laissent dépasser par les Asiatiques. Les autres amusements : musique, petit théâtre, monologues, seront le lot de ceux des officiers et de leurs femmes qui auront du goût pour ces genres de délassement, aussi agréables qu'utiles.

Quant aux devoirs religieux, toute facilité sera accordée aux tirailleurs pour qu'ils puissent les remplir collectivement, ou individuellement, ou enfin de concert avec leur famille, suivant le mode particulier que leur conscience leur imposera. Le vendredi sera considéré comme le jour de repos officiel. Enfin comme il peut arriver à des militaires d'être obligés parfois par les exigences du métier d'ajourner telle ou telle prière rituelle, il leur sera enseigné que le Grand Prophète savait, comme nous le savons nous-mêmes, *que travailler, ou même se réjouir, c'est prier !* Pourvu que l'on sente que le travail consciencieux, c'est-à-dire exempt de sabotage, ainsi que les plaisirs qui ne sont pas réprouvés par la morale universelle, sont constamment sanctifiés par la pensée qu'Allah lui-même y préside et jouit également de la joie de ses fidèles !

Voilà, cher Indigène, tous les principaux détails que vous m'avez demandés. Je ne crois pas en avoir oublié un seul d'essentiel. Etes-vous satisfait ?

L'Indigène. — Noble et généreuse France, vous avez comblé tous mes désirs et il n'y aurait plus de bornes à ma joie si je pouvais espérer que vos convictions seront bientôt partagées par vos fils et surtout par leurs cousins d'Algérie. Quant à résister nous-mêmes à l'organisation de la conscription, mitigée, productive de bien-être et anoblie comme vous l'avez faite, il semble qu'il est évident que l'opposition est vaine, malgré l'éloquence de ceux qui la soutiennent. Du reste, toutes les nations, les unes après les autres, se trouvent obligées de s'y soumettre. L'empire turc en est un grand exemple, la Tunisie également. L'Angleterre elle-même, qui a été jusqu'à présent la forteresse du volontariat militaire absolu, est en train d'étudier l'organisation de la conscription : parce qu'elle vient de terminer des expériences qui lui ont démontré l'impossibilité de mobiliser par l'ancien système des armées suffisantes pour défendre le Royaume-Uni. Notre résistance est donc peine perdue et elle tendrait à devenir de l'ingratitude si elle persistait.

Maktoub Rabbi ! c'était écrit !

Allah le veut d'autant plus que le devoir de faire renaître les forêts que vous confiez à nos conscrits est une œuvre bienfaisante et immortelle qui sera le plus beau trait d'union entre la France et l'Islam. Chaque Français métropolitain ou colon algérien, en contemplant et en jouissant de ces forêts de l'avenir pourra se dire : c'est aux Musulmans d'Algérie que nous les devons ! Qu'Allah comble de ses bienfaits toutes leurs générations ! Nous, Français, les avons, il est vrai, vaincus par les armes ; mais nous *leur avons enseigné à nous vaincre à leur tour par le bienfait et non par l'insurrection !*

Le Colon (*tendant la main à l'Indigène*). — Je ne puis résister à des élans d'enthousiasme aussi sincères que débordant de cordialité et de solidarité ; je vous tends donc la main comme gage de l'affection humanitaire dont je vais désormais m'imposer le devoir bienfaisant.

Mais, chère et bien aimée France, il reste encore un point obscur dans vos intentions ; car vous ne nous avez pas dit d'où viendront les millions nécessaires pour reboiser la Métropole, l'Algérie proprement dite et très graduellement le Sahara ?

La France. — C'est bien simple : les millions viendront d'où viennent toutes les ressources nécessaires aux entreprises gigantesques des Etats civilisés, c'est-à-dire des emprunts. Ceux-ci seront facilement remboursables dans cent ans et seront bien mieux gagés que n'importe quel emprunt ; car les forêts rapportent un intérêt beaucoup plus élevé que celui des banques. En outre, les bénéfices moraux et sociaux que j'en retirerai sont incalculables !

La seule difficulté réside en ce qu'il faudra pour réduire au minimum pendant les premières années de croissance des forêts, l'intérêt à payer par les générations actuelles aux souscripteurs des emprunts ; il faudra, dis-je, n'accorder qu'un intérêt extrêmement bas, mais susceptible d'augmentation graduelle au fur et à mesure des progrès de l'exploitation.

Maintenant, mes fils, laissez-moi vous serrer sur mon cœur maternel et permettez-moi d'espérer que l'entente la plus cordiale sera bientôt la règle entre les races algériennes comme, de concert avec l'Angleterre, je m'efforce à la faire naître entre toutes les nations du globe !

Le rideau tombe sur ce tableau extrêmement émouvant, empreint qu'il est de l'*Humanisme* le plus pur et le plus éclairé.

Bien que la foi ardente de l'auteur de ces lignes dans l'œuvre qui vient d'être esquissée soit aussi forte que sincère, il ne s'illusionne pas au point de croire qu'elle va sortir de l'ombre comme par enchantement. Cependant elle pourra devenir bientôt une réalité en Algérie, parce que nous disposons déjà de tirailleurs indigènes et d'une portion d'emprunt ; et qu'enfin le Gouvernement Général est armé du droit d'expropriation pour cause de reforestation.

Il n'en est pas de même en France, car la *loi forestière* a besoin d'être modifiée par le Parlement dans le sens d'expropriation pour cause *d'utilité publique*. Or, cette modification a toujours rencontré une vive opposition de la part des propriétaires pour qui le *bien public* est la dernière des considérations. Espérons que le Parlement leur prouvera bientôt que ce *bien public*, incontestable en ce qui concerne les forêts, est pour lui la première des considérations.

L'auteur de ces lignes tient, en terminant cette œuvre de conciliation, qui est aussi, du reste, une œuvre de colonisation, à faire remarquer qu'il n'est le porte-paroles d'aucun groupement colon ou indigène, mais qu'il s'est fait un devoir de souscrire à presque toutes les grandes Ligues, Comités ou Sociétés qui s'intéressent à Alger ou à Paris à la solution pratique des problèmes algériens, de façon à obtenir les meilleures informations dans leurs bulletins si admirablement rédigés et si instructifs. En outre, ce n'est pas seulement dans les Bulletins de Sociétés et dans les livres qu'il a cherché des inspirations ; mais c'est surtout en servant les administrations coloniales, françaises et étrangères, dans des situations qui lui ont permis d'apprécier à leur juste valeur les effets des règlements sur les démocraties.

Ces études sur le terrain même, prolongées pendant quarante-six années, lui ont appris à baser ses conclusions, non plus sur *le droit à la prussienne*, mais sur cette Equité mondiale dont la source surgit des trois grandes facultés divines et humaines : La Raison, la Conscience et l'Affection morale et universelle. Ce sont également ces trois facultés qui guident actuellement le parlement et le gouvernement de France dans leurs rapports avec les colonies.

Il serait encore ingrat de la part de l'auteur de ces pages de ne pas mentionner tout ce qu'il doit de ses assertions forestières à l'immortel ouvrage de M. J. Reynard, ancien Conservateur des Eaux et Forêts, ouvrage publié sous le titre modeste : *Arbre* et qui a été publié en 1904 à Clermont-Ferrand par la Typographie et Lithographie G. Mont-Louis. Ce livre, beaucoup plus intéressant qu'un roman, débute par un aperçu historique du culte voué à l'arbre par nos ancêtres et de la lutte, longtemps stérile, soutenue par la Ligue de Reboisement d'Alger. Grâce à ce que la Ligue et les Forêts ont trouvé en M. Jonnart un protecteur avisé et puissant, cette Société est entrée dans la période de succès et d'honneur qu'elle a grandement méritée. Quant à l'ouvrage de M. Reynard, il devrait être dans toutes les bibliothèques et en honneur dans toutes les écoles.

L'auteur de cet essai doit enfin beaucoup à cette excellente feuille l'*Akhbar* dont le n° 13534 du 12 Juillet 1908 contient une admirable lettre inédite de ce grand caractère que fut le Maréchal Bugeaud. Il suffira, pour démontrer que cet *Essai* est aussi une œuvre de colonisation, de reproduire le 1er alinéa de cette lettre qui était adressée « en 1846, au Général de Larue, ami particulier et Conseil du Maréchal Soult, Ministre de la Guerre. »

« Bivouac du Fondouck, le 5 Mars 1846.

« Mon cher Général,

« Il y a longtemps que j'ai entretenu M. le Maréchal Soult de l'importance politique et colonisatrice qu'il y aurait à faire entrer les Arabes dans la colonisation et à les faire participer à toutes les garanties et à tous les avantages de notre société. On ne m'a jamais répondu sur cette question majeure, ou du moins je n'en ai pas souvenir. »

Toute la suite de cette longue lettre qu'il faut lire dans l'*Akhbar* est à l'avenant ; depuis les 62 années qu'elle a été écrite, elle est toujours restée d'actualité. Elle suggère l'idée que les propositions contenues dans cet *Essai* constituent, tout autant qu'un programme de défense de la Métropole contre l'envahissement et la déforestation, un programme de colonisation de nos colonies par les Indigènes eux-mêmes après en avoir fait d'excellents agriculteurs, d'excellents forestiers, tout en leur inculquant quelques notions d'instruction élémentaire et en leur donnant l'habitude et le goût de la discipline militaire, familiale et sociale. La décroissance désespérante de la natalité française et par conséquent l'arrêt de la colonisation de nos diverses colonies par nos compatriotes en démontrent également la nécessité.

Alors ! pourquoi bornerions-nous à faire jouir les Indigènes d'Algérie tout seuls du bienfait que sera la conscription obligatoire organisée dans de telles conditions ? Ne semble-t-il pas que toutes nos colonies devraient, avec quelques variantes dans l'application, être appelées à fournir un contingent de tirailleurs forestiers ? De cette façon, le fardeau, si fardeau il y a, serait beaucoup moins lourd pour l'Algérie et y gagnerait énormément en élasticité ; car la masse d'armées que peuvent fournir les colonies est aussi imposante que celle de la Métropole !

A. NIELLY.

www.ingramcontent.com/pod-product-compliance
Lightning Source LLC
LaVergne TN
LVHW020302230826
846091LV00006B/2494

9782011763211